Você é mais capaz do que pensa

"Freqüentemente pensamos em liderança como algo que tem a ver com um título, uma posição, o número de pessoas ou de dinheiro com que lidamos ou mesmo com o tempo de serviço. (...)

Liderança, mais do que qualquer outra coisa, tem a ver com o modo como nós pensamos. Significa disciplinar os nossos pensamentos. Significa colocar em prática a responsabilidade pessoal e optar por fazer uma contribuição positiva, não importa qual a nossa função ou 'nível'. Uma recepcionista, um engenheiro, um vendedor, um trabalhador temporário, um caixa – todos eles podem ser líderes. (...)

O mesmo princípio vale para todos: se pensamos como líderes, então somos líderes."

"Uma das perguntas mais tentadoras é: 'O que **nós** *podemos fazer?' O problema é que 'nós' não mudamos. Equipes, departamentos e empresas não mudam. Pessoas mudam, uma de cada vez, através das suas próprias escolhas.*

Sou partidário do conceito de equipe, mas, se não tivermos cuidado, podemos acabar substituindo a linguagem da responsabilidade pessoal pela linguagem da equipe ('nós'). Podemos nos esconder atrás do grupo com pensamentos que se tornam desculpas. (...)

Responsabilidade pessoal não tem nada a ver com mudar os outros. Ela ensina a fazer a diferença mudando a nós mesmos."

"Talvez você já tenha ouvido falar na Prece da Serenidade: 'Que Deus me dê serenidade para aceitar as coisas que não posso mudar, coragem para mudar as coisas que posso mudar e sabedoria para distinguir uma coisa da outra.'

Eis aqui uma versão que pode representar uma guinada para todos nós: 'Que Deus me dê serenidade para aceitar as pessoas que não posso mudar, coragem para mudar a única que posso mudar e sabedoria para saber que... sou eu!'"

"Numa visita a uma empresa, conheci um jovem gerente, de menos de trinta anos, que me disse com todas as letras: 'Acredito que mudar as pessoas é o meu trabalho – sou um gerente!' Sinto muito. Gerentes não mudam pessoas. Eles podem orientar, aconselhar, ensinar e guiar, mas ninguém pode mudar outra pessoa. A mudança só ocorre de dentro para fora, como resultado de decisões tomadas por um indivíduo.

Essa é uma lição difícil de ser aprendida. Mesmo quando dizemos 'entendi', há uma grande diferença entre entender uma idéia – 'Sim, só posso mudar a mim mesmo!' – e examinar honestamente a realidade dos nossos pensamentos e ações."

John G. Miller

VOCÊ é mais capaz do que pensa

Assumindo sua responsabilidade no trabalho e na vida

JOHN G. MILLER

3ª Edição

SEXTANTE

Título original: *QBQ! The Question Behind the Question*

tradução: Claudio Figueiredo
preparo de originais: Virginie Leite
revisão: Clara Diament
José Tedin Pinto
Sérgio Bellinello Soares
projeto gráfico e diagramação: Marcia Raed
capa: Miriam Lerner
fotolitos: R R Donnelley
impressão e acabamento: Lis Gráfica e Editora Ltda.

CIP-BRASIL. CATALOGAÇÃO-NA-FONTE
SINDICATO NACIONAL DOS EDITORES DE LIVROS, RJ

M592v Miller, John G., 1958-
Você é mais capaz do que pensa
/ John G. Miller ; tradução Claudio Figueiredo.
– Rio de Janeiro: Sextante, 2005.

Tradução de: QBQ! The question behind the question
ISBN 85-7542-170-0

1. Escolha (Psicologia). 2. Processo decisório. 3. Solução de problemas. 4. Responsabilidade. I. Título.

05-1236. CDD 153.83
CDU 159.947.2

Editora Sextante (GMT Editores Ltda.)
Rua Voluntários da Pátria, 45 – Gr. 1.404 – Botafogo
22270-000 – Rio de Janeiro – RJ
Tel.: (21) 2286-9944 – Fax: (21) 2286-9244
E-mail: atendimento@esextante.com.br
www.sextante.com.br

Agradecimentos

Meus agradecimentos a David Levin, meu amigo, treinador e parceiro. Sem sua visão, este livro nunca teria existido. E ao talentoso escritor profissional Deb Hvass.

Um agradecimento especial à minha equipe mais importante – aquela lá de casa:

Às crianças Kristin, Tara, Michael, Molly, Charlene, Jazzy e Tasha, por terem suportado o "Papai" e seu frenético esquema de trabalho durante a elaboração deste projeto.

À minha esposa Karen, por ter me estimulado a escrever esta nova versão de meu primeiro livro, *Personal Accountability*, e, acima de todas as coisas, por ser minha melhor amiga.

Sumário

"Eu vi o anjo no mármore
e o esculpi até
libertá-lo."

MICHELANGELO

INTRODUÇÃO

Que fim levou a responsabilidade pessoal?

Ao passar por uma auto-estrada, um outdoor chamou a minha atenção. As palavras pareciam saltar do papel: "Que fim levou a responsabilidade pessoal?"

Não sei quem pôs o outdoor ali, mas a pergunta ficou martelando na minha cabeça. E por uma boa razão: era tão óbvio que aquilo era verdade... Que diabos aconteceu com a responsabilidade pessoal? Por que hoje em dia a única coisa que as pessoas sabem fazer é apontar o dedo para outro lugar, culpando outra pessoa ou outra coisa por seus problemas, suas ações, seus sentimentos? Alguns exemplos:

Eu tinha parado para tomar um café na loja de conveniência de um posto de gasolina, mas a máquina estava sem pó. Então eu me dirigi ao rapaz que estava atrás do balcão: "Desculpe, o café acabou." Ele apontou para uma colega a menos de três metros de distância e disse: "Café é o departamento *dela!*"

Departamento? Numa lojinha de posto de gasolina do tamanho de uma sala?

Outro: Num vôo doméstico, o comissário de bordo acionou o sistema de som e anunciou: "Pedimos desculpas a todos, mas o filme que tínhamos prometido não será exibido hoje. A *equipe de terra* mandou o filme errado."

E este: Pedi uma pizza por telefone, mas quarenta minutos depois o entregador ainda não tinha aparecido. Faminto e cansado de esperar, liguei para a pizzaria, mas aparentemente meu pedido desaparecera. De repente, do nada, o jovem do outro lado da linha disse: "Ei, não ponha a culpa em *mim*, acabei de chegar. Meu turno está começando agora!"

De um jeito ou de outro, escutamos sempre a mesma coisa: "Não é minha culpa", "Não é meu trabalho" ou "Não é problema meu". O outdoor me marcou não só porque eu concordava 100% com ele. Mas também porque fiquei impressionado com o fato de alguém estar tão mobilizado pela questão da responsabilidade pessoal a ponto de colocar um anúncio como aquele.

Eu também me sentia mobilizado pelo problema e foi por isso que resolvi escrever este livro.

Para quem é este livro? Para qualquer um que já ouviu perguntas como estas:

"Quando é que aquele maldito departamento vai fazer seu trabalho direito?"

"Por que eles não aprendem a se comunicar melhor?"

"Quem pisou na bola?"

"Por que temos de passar por todas essas mudanças?"

"Quando é que alguém vai me treinar?"

Essas perguntas podem parecer inocentes, mas elas indicam uma total falta de responsabilidade pessoal e chegam ao cerne de muitos dos problemas que estamos enfrentando hoje.

Inversamente, se virarmos pelo avesso nossa maneira de pensar, passando a fazer perguntas que demonstrem maior responsabilidade da nossa parte, ganharemos força e eficiência para melhorar as empresas onde trabalhamos e realizar nossos sonhos na vida pessoal.

Ao longo dos anos, desenvolvi e aperfeiçoei uma ferramenta para ajudar as pessoas – e a mim mesmo – a colocar em prática o princípio da responsabilidade pessoal. Fazer perguntas melhores é um passo fundamental para você parar de culpar os outros, reclamar e adiar as coisas. Usando a Pergunta por Trás da Pergunta (PTP), você vai descobrir que é mais capaz do que pensa.

Venho escrevendo e falando a respeito da responsabilidade pessoal desde 1995, e o debate em torno desse tema continua a provocar a mesma repercussão. Quase todos os dias ouço histórias que comprovam o sucesso dessa idéia, casos relacionados a aumento de produtividade, maior espírito de equipe, menor estresse, relacionamentos mais saudáveis e um melhor atendimento aos clientes.

No entanto, o maior benefício que a PTP proporciona é de natureza pessoal. Uma vez que comecem a praticar o pensamento PTP, tudo parece melhorar. As pessoas se divertem mais. A vida se torna simplesmente mais satisfatória e mais prazerosa para aqueles que escolhem o caminho da responsabilidade pessoal.

Então, se já ouviu perguntas como as listadas anteriormente, se você se sente frustrado pelo que considera falta de responsabilidade dos outros – ou se reconhece que você mesmo pensa dessa maneira algumas vezes –, este livro pode mudar sua vida. Faça bom proveito!

Capítulo 1

Uma visão da responsabilidade pessoal

Fazia um dia lindo no centro da cidade quando parei num restaurante para almoçar. O lugar estava lotado. Como eu não tinha muito tempo, fiquei feliz em ocupar o único banco livre no bar. Poucos minutos depois de eu me sentar, um jovem carregando uma bandeja cheia de pratos sujos passou apressado a caminho da cozinha, mas, ao me ver com o canto do olho, parou, fez meia-volta e disse:

– Já foi atendido, senhor?

– Não, ainda não, mas só quero uma salada e dois pãezinhos.

– Posso trazer isso, senhor. O que gostaria de beber?

– Uma Coca light, por favor.

– Sinto muito, senhor. Só trabalhamos com Pepsi. Pode ser?

– Ah, não, obrigado – disse com um sorriso. – Então vou querer água com gelo e limão, por favor.

– Ótimo, já volto.

Ele desapareceu, voltando pouco depois com a salada, os pães e a água. Eu agradeci e ele se afastou rapidamente, me deixando a sós, um freguês satisfeito, para saborear a comida.

De repente, percebi um movimento à minha esquerda, indícios de agitação e entusiasmo atrás de mim. E por cima do meu ombro direito surgiu o "longo braço da competência" entregando uma garrafa congelada por fora e gelada por dentro. Uma garrafa de – vocês adivinharam – Coca light!

– Nossa! – eu disse. – Obrigado!

– De nada – ele respondeu com um sorriso, afastando-se apressadamente de novo.

Meu primeiro pensamento foi: "Contratem esse cara!" Ele ia além dos outros! Estava claro que não fazia o tipo do funcionário mediano. Mas quanto mais eu pensava na coisa extraordinária que ele acabara de fazer, mais tinha vontade de falar com ele. Então, assim que consegui atrair sua atenção, fiz sinal para que se aproximasse.

– Desculpe, mas pensei ter ouvido você dizer que o restaurante não vendia Coca-Cola.

– É isso mesmo, senhor. Não vendemos.

– Bem, de onde veio essa garrafa, então?

– Da mercearia da esquina, senhor.

Fiquei impressionado.

– Quem pagou por isso? – perguntei.

– Eu, senhor.

A essa altura fui acometido por pensamentos profundos e profissionais, como "Demais!". Mas o que eu disse foi:

– Espere aí, você está atolado de serviço. Como é que teve tempo de ir até lá?

Sorrindo e parecendo ficar um pouco mais alto aos meus olhos, ele respondeu:

– Eu não fui, senhor. *Eu pedi à minha gerente!*

Não dava para acreditar. Era uma experiência de descentralização de poderes ou o quê? Aposto que há ocasiões em que todos nós gostaríamos de olhar para o nosso "chefe" e dizer: "Me traz uma Coca light!" Que visão maravilhosa. Mas, além disso, sua atitude era um fantástico exemplo de responsabilidade pessoal e da

Pergunta por Trás da Pergunta. Vamos esmiuçar os pormenores da PTP nos capítulos seguintes, mas por enquanto gostaria de examinar a maneira de pensar do meu garçom e as escolhas que fez.

Estava em plena correria da hora do almoço. Ele já estava *até aqui* de coisas para fazer. Mas viu um cliente que, apesar de não estar no seu setor, precisava de atenção. Então ele decidiu fazer o que pudesse para ajudar. É claro que não sei o que passou pela cabeça do rapaz naquele momento, mas, diante de uma situação parecida, muitas pessoas teriam pensamentos como estes:

"Por que eu tenho de fazer tudo por aqui?"

"Afinal, quem deveria estar atendendo aquela área?"

"Quando é que a gerência vai nos abastecer com mais produtos?"

"Por que nossa equipe está sempre desfalcada?"

"Quando é que os fregueses vão aprender a ler o menu?"

É compreensível que alguém possa pensar e se sentir desse jeito, especialmente quando está frustrado, mas a verdade é que essas perguntas são inúteis. Elas são negativas e não resolvem os problemas. Ao longo do livro voltaremos a mencioná-las como Perguntas Incorretas, ou PIs, já que delas nada resulta de positivo ou produtivo. Essas perguntas representam o exato oposto da responsabilidade pessoal porque sempre partem do princípio de que outra pessoa ou outra coisa é responsável pelo problema ou pela situação.

Infelizmente, porém, muitas vezes elas nos vêm quase que automaticamente à cabeça. É uma triste realidade que, diante de algum tipo de frustração ou desafio, nossas reações iniciais tendam a ser negativas e defensivas, e as primeiras perguntas que nos ocorram sejam PIs.

A boa notícia é a seguinte: esse momento de frustração também nos apresenta uma tremenda oportunidade para contribuir, e a PTP pode nos ajudar a tirar vantagem disso. No instante em que as PIs pipocam nas nossas mentes, nós temos uma escolha. Podemos aceitá-las – "É isso aí, quando é que nós vamos ter mais ajuda por aqui?!" – ou rejeitá-las, optando, ao contrário, por fazer perguntas melhores, que nos incentivem a adotar uma postura mais responsável. Perguntas como: "O que *eu* posso fazer para melhorar a situação?" e "Como *eu* posso dar apoio à equipe?".

Esta é, numa frase, a essência da PTP:

> Faça escolhas melhores
> fazendo perguntas melhores.

Foi isso exatamente o que o meu garçom fez. Ele não fez PIs, deixando-se ficar preso no lado negativo da situação. Ao contrário, ele disciplinou seus pensamentos *na hora*, fez escolhas melhores e fez perguntas melhores. Suas ações indicavam claramente uma maneira de pensar afinada com o sentido de responsabilidade pessoal, como "O que posso fazer para ajudar?" e "Como posso ser útil a você?". Não importa se ele usou ou não essas palavras, mas suas escolhas fizeram a diferença.

Ao sair do restaurante naquele dia, eu lhe dei a excelente gorjeta que ele merecia. E quando voltei uns dois meses depois e perguntei por meu garçom preferido, Jacob Miller – adorei seu sobrenome –, a garçonete disse:

– Sinto muito, senhor. Jacob não trabalha mais aqui...

Pensei na mesma hora: "Não! Vocês perderam meu garçom particular? Perderam o cara que olhava para mim e pensava: 'O que posso fazer neste exato momento para servi-lo?'" Não dava para acreditar que tinham deixado um sujeito assim escapar.

Mas não falei nada disso. Só disse:

– Ah, não, vocês o deixaram ir embora?

Ao que ela respondeu com animação:

– Não, senhor. Nós não o perdemos, ele foi promovido para a área de gerência.

Meu primeiro pensamento foi: "*Gerência*, que desperdício!" (Vá em frente, sorria – mesmo que você seja um gerente.)

A verdade é que não fiquei nem um pouco surpreso de que Jacob, com sua maneira de pensar, tivesse saído tão rapidamente em busca das metas que traçara. É esse tipo de diferença que a responsabilidade pessoal pode fazer. Todos ganham: fregueses, colegas de trabalho, empresa. E para Jacob, além das gorjetas e da promoção, não posso deixar de pensar que o maior ganho é o jeito como deve se sentir a respeito de si mesmo depois de um dia fazendo as melhores escolhas, fazendo perguntas melhores e colocando em prática a responsabilidade pessoal.

Capítulo 2

Fazendo escolhas melhores

Logo depois que nos mudamos para Denver, descobrimos algo que nunca tínhamos visto antes: *goat heads*, espinhos terríveis que crescem nessa parte dos EUA. O nome – que significa cabeça de cabra – deve-se ao fato de essa planta parecer muito com as orelhas, os chifres e o focinho da cabra. Se alguém tem o azar de pisar num espinho desses caído no chão ou de passar com o pneu da bicicleta por cima dele, isso pode estragar seu dia.

Desde que nos mudamos para cá, trocamos mais pneus de bicicletas do que durante todos os anos somados em que moramos em outra região. Mesmo que suas *mountain bikes* sejam equipadas com pneus bem grossos, os ciclistas mais sérios tomam mil precauções contra esses espinhos.

Todos os dias, enquanto nos aventuramos pelos campos inexplorados das nossas vidas pessoal e profissional, temos de fazer inúmeras escolhas. E o que estamos escolhendo? Não a nossa próxima ação, mas o nosso próximo pensamento. Escolha o pensamento errado e estará rumando direto para os espinhos emocionais das reclamações, do hábito de culpar os outros e da mania de adiar as coisas. Mas os pensamentos certos nos levam a uma vida mais rica, mais plena, aos sentimentos de orgulho e de realização que surgem do ato de tomar decisões produtivas.

A noção de que somos responsáveis por nossas escolhas e de que somos livres para fazer outras melhores é fundamental para a PTP. Às vezes as pessoas pensam que não têm opção e dizem coisas como "eu tenho de" ou "eu não posso". Mas sempre temos uma escolha. Sempre. Até o ato de decidir *não* escolher já implica fazer uma opção. Compreender isso e assumir a responsabilidade por nossas escolhas é um grande passo para fazer com que coisas fantásticas aconteçam nas nossas vidas.

Quer evitar os espinhos e ver coisas incríveis acontecerem?

Faça escolhas melhores.

Capítulo 3

PTP! A Pergunta por Trás da Pergunta

Agora vamos falar sobre a ferramenta que traz a noção de responsabilidade pessoal para a sua vida: a PTP.

A Pergunta por Trás da Pergunta surge da observação de que nossas primeiras reações costumam ser negativas, trazendo à nossa mente Perguntas Incorretas, PIs. Mas se a cada momento de decisão conseguirmos disciplinar nossos pensamentos para olhar por trás dessas perguntas iniciais e fazer perguntas melhores (PTPs), isso nos levará a melhores resultados.

Um dos princípios que servem de guia à PTP é: "As respostas estão nas perguntas." Em outras palavras, isso quer dizer que, se fizermos uma pergunta melhor, obteremos uma resposta melhor. A PTP, portanto, tem a ver com fazer perguntas melhores. Mas como distinguir uma pergunta boa de uma ruim? Como perceber que uma pergunta é "melhor"?

Este livro vai ajudar cada um de nós a aprender a reconhecer e fazer perguntas melhores. Para os iniciantes, aqui estão três princípios simples para se identificar uma PTP:

1. As PTPs começam com "O que" ou "Como" (**não** com "Por que", "Quando" ou "Quem").
2. As PTPs contêm um "eu" (**não** "eles", "nós" ou "você").
3. O foco das PTPs está na ação.

"O que eu posso fazer?", por exemplo, atende perfeitamente a esses princípios. Começa com "O que", contém "eu" e está focada numa ação: "fazer" alguma coisa. Como eu disse, é simples. Mas não deixe que essa simplicidade engane você. Como uma jóia, a PTP tem muitas facetas. Nos capítulos seguintes, iremos explorar cada uma delas e ver o efeito poderoso que a PTP exerce sobre as nossas vidas.

CAPÍTULO 4

Não pergunte "Por quê?"

Você já deve ter ouvido estas perguntas alguma vez: "Por que os outros não trabalham duro?"

"Por que isso está acontecendo comigo?"

"Por que eles complicam tanto o meu trabalho?"

Faça as perguntas em voz alta e observe a sua reação. Eu me sinto impotente, como uma vítima. Perguntas com um tom de "Por que eu?" transmitem a seguinte idéia: "Eu sou uma vítima desse ambiente e das pessoas à minha volta." Bem, não é um pensamento muito produtivo, concorda? Mas estamos o tempo todo levantando esse tipo de questão.

(Um esclarecimento rápido: Se você foi treinado na técnica dos "Cinco Porquês" para a solução de problemas e vendas, não é disso que estamos tratando aqui.

Essas perguntas são úteis e adequadas. O que estamos dizendo é que perguntas que começam com um "Por que" e têm o tom de "coitadinho de mim" acabam nos levando direto para o clássico caminho da autopiedade.)

Todo mundo pode cair na armadilha do "Por quê?". Certa vez perguntei a um gerente quantas pessoas trabalhavam no seu departamento, e ele respondeu: "Mais ou menos a metade!" A piada é boa, mas ele era sem dúvida o tipo de gerente que fazia PIs tais como: "Por que não consigo encontrar as pessoas certas?", "Por que a nova geração não gosta de trabalhar de verdade?", "Por que meus superiores não me dão uma orientação melhor?".

São todos pensamentos típicos de quem se acha uma vítima, e hoje em dia já há gente demais no mundo pensando assim.

Eu estava num vôo de longa duração, sentado ao lado de um homem de uns cinqüenta anos. Nós nos apresentamos e demos início a uma conversa em tom amistoso, na linha do "Para onde está indo?" e "O que você faz?". Ele acabou contando que tinha uma casa em Aspen e estava voltando de 21 dias de férias. "Uau!", eu pensei. "Vinte e um dias esquiando em Aspen. Esse cara deve ganhar uma boa grana!" Ele prosseguiu dizendo que morava em Nova York e trabalhava em Wall Street. Adivinha o que ele faz? Não é um corretor. É um advogado especializado em atender pessoas que reivindicam indenizações por danos pessoais.

Quando ele me perguntou o que eu fazia, optei pela fórmula sintética e rápida:

– Escritor e conferencista.

– Puxa, é mesmo? Sobre o que você fala?

Refleti por um momento e pensei "Por que não?". Então eu disse:

– Responsabilidade pessoal. – E me perguntei se ele seria capaz de perceber a ironia – e o humor – que havia nisso. Passaram-se alguns segundos. Ficamos olhando um para o outro. Ele se remexeu na poltrona, irrequieto. Finalmente, só para ficar claro, acrescentei: – O que realmente faço é ajudar as pessoas a eliminar de suas vidas a mania de pensar *como vítimas*.

Ele deve ter me compreendido porque se levantou, trocou de lugar e nunca mais nos falamos! Não tenho nada contra esse senhor ou sua profissão. Ele está simplesmente proporcionando às pessoas o que é exigido em uma cultura que segue sempre perguntando: "Por que isso está acontecendo comigo?" Mas, mesmo enquanto balançamos a cabeça diante dos males da nossa sociedade, não vamos nos esquecer de que a sociedade é feita de indivíduos. Você e eu. A melhor coisa que podemos fazer para nos livrarmos da mania de pensar como vítimas é acabarmos com isso em nós mesmos.

O primeiro princípio da PTP diz que todas as PTPs começam com "O que" ou "Como", e não com "Por que", "Quando" ou "Quem". Dê uma outra olhada nas perguntas com "Por que" que abrem este capítulo e reflita sobre o que aconteceria se, em vez disso, perguntássemos:

"Como posso fazer melhor meu trabalho hoje?"

"O que posso fazer para melhorar a situação?"

"Como posso dar apoio aos outros?"

CAPÍTULO 5

A vítima

Recebi um e-mail de um homem contando que, durante os dez anos que passou nas forças armadas, sempre que alguma coisa saía errada, a única resposta aceitável era: "Sem desculpas, Senhor!" Ele aceitou isso, acreditou nisso e viveu segundo esse princípio.

Quando voltou à vida civil, começou a trabalhar como gerente de uma grande empresa de alimentos, responsável por uma determinada região. Ele não estava rendendo o que a companhia esperava e sentia-se insatisfeito com seu desempenho. Um dia antes de começar a participar de um programa interno de treinamento baseado na PTP, ele procurou seu superior e fez perguntas como estas:

"Por que você não dedica mais tempo às minhas necessidades?"

"Por que não me orienta melhor?"

"Por que não somos mais competitivos?"

"Por que não temos produtos novos?"

"Por que o marketing não nos dá mais apoio?"

Ele terminou seu e-mail dizendo: "Quando aprendi a pensar de acordo com as PTPs, compreendi que, ao trocar a carreira militar pelo mundo dos negócios, acabei me transformando em pouco tempo naquilo que mais odiava: *a vítima*."

Se esse homem, depois de viver e respirar o espírito do "Sem desculpas!" durante dez anos, pôde lentamente descambar para a forma de pensar da vítima, não é de espantar que todos nós precisemos ficar atentos para esse risco nas nossas vidas.

CAPÍTULO 6

"Por que isso está acontecendo comigo?"

Estresse é uma questão de escolha. Você aceita essa idéia? Algumas pessoas resistem a ela. Elas pensam que são as pessoas e os acontecimentos nas nossas vidas que nos deixam estressados – a gerência, os colegas, os clientes, o chefe, o trânsito, o clima, a situação do mercado. Mas não é verdade.

Sim, coisas ruins acontecem: a economia afunda, nossos negócios ficam balançados, a bolsa despenca, pessoas são demitidas, os colegas de trabalho não conseguem acompanhar nosso ritmo, prazos são estourados, projetos fracassam, pessoas boas vão embora. A vida está cheia dessas coisas. Mas, ainda assim, estresse é uma escolha, porque, seja qual for o acontecimento que desencadeie o processo, nós sempre escolhemos a resposta. Nós fazemos a opção de reagir às coisas com raiva. Nós decidimos sufocar nossas emoções e ficar calados. Nós optamos por ficar preocupados. (Um cliente pendurou na sua sala um cartaz com os seguintes dizeres: "Tenho tido muitos problemas, e alguns deles até se tornaram realidade!") Pessoas diferentes reagem de maneira diferente às mesmas situações. O estresse é uma escolha.

E também é o *resultado* das nossas escolhas. Quando optamos por fazer uma pergunta do tipo "Por que isso está acontecendo comigo?", sentimos como se não tivéssemos nenhum controle sobre o que está ocorrendo. Isso acaba nos imbuindo de um estado de espírito de vítimas, o que é extremamente estressante. Mesmo nos casos em que *somos* realmente vítimas e o nosso sentimento parece justificado, adotar a linha melodramática do "Por que eu?" só serve para aumentar nosso estresse.

CAPÍTULO 7

"Por que temos de passar por todas essas mudanças?"

Quando Stacey tinha 12 anos, ela e o pai, um piloto, decolaram numa tarde de domingo para um rápido e divertido passeio no monomotor da família. Pouco depois de levantar vôo, quando sobrevoavam o Lago Michigan, o prazer da aventura evaporou-se subitamente. O motor falhou.

O pai de Stacey virou-se para ela e num tom de voz calmo e seguro disse: "Querida, o motor falhou. Vou precisar fazer o avião voar de um jeito diferente." Uma frase interessante: "Voar de um jeito diferente."

Ele sabia que novos desafios e mudanças repentinas exigem estratégias diferentes. As condições mudam, os mercados mudam, as pessoas mudam. O que dá certo num dia não funciona necessariamente no outro. Precisamos desenvolver um repertório de respostas de modo que estejamos preparados quando nosso motor falhar de repente.

Para fazer o motor voltar a funcionar, eles precisavam de maior velocidade de vôo. O pai de Stacey lhe explicou que tentaria dar a partida novamente enquanto fazia o avião mergulhar. ("Direto para as águas profundas e geladas do Lago Michigan", eu pensei enquanto ela me contava a história.) Stacey percebeu a gravidade da situação e rapidamente acenou com a cabeça, concordando com o plano do pai. (Não foi preciso encaminhar a questão à sede da companhia para uma decisão do conselho.)

Seu pai fez o monomotor mergulhar e acionou os controles, mas nada aconteceu. Ele endireitou o avião a meio caminho da água e disse: "Stacey, vamos tentar aquilo de novo. Se segura!" Os dois mergulharam uma segunda vez. O pai de Stacey acionou os comandos de novo à medida que o avião ganhava velocidade e dessa vez o motor pegou, primeiro com alguns promissores roncos entrecortados, depois com o ruído regular a que estavam acostumados.

Cerca de vinte minutos mais tarde, eles aterrissaram em segurança. Nesse ponto, esse cara durão como o Rochedo de Gibraltar, esse pai inabalável, a própria encarnação da coragem, virou-se para a filha de 12 anos e disse: "Agora, meu bem, seja lá o que fizer, *não conte o que aconteceu para a sua mãe!*"

Adoro essa história. Não só pelo que tem de dramática e divertida, mas também pelo que nos ensina sobre como lidar com a mudança. Ao se ver diante de uma nova situação, o pai de Stacey partiu para a ação e resolveu o problema. Mas, se tivesse resistido à mudança e desperdiçado seu tempo com lamúrias do tipo "Nunca fiz isso desse jeito antes!" ou "Por que tenho de passar por essa mudança?", os acontecimentos poderiam ter se desenrolado de forma muito diferente.

Você está enfrentando alguma mudança? Algum motor da sua vida tem falhado nos últimos tempos? Se for esse o caso, faça uma pergunta melhor. Eis aqui uma que funciona de verdade: "Como posso me *adaptar* a este mundo em constante mudança?"

Capítulo 8

"Por que eles não se comunicam melhor?"

Nos muitos programas de treinamento de que participei ao longo dos anos, essa cena vem se repetindo e se repetindo. Eu pergunto: "Qual é o principal problema que sua empresa enfrenta hoje?" Em geral, a resposta não tem a ver com mudança ou com competição, mas sim com comunicação. Essa insatisfação costuma ser expressada da seguinte maneira: "Por que *eles* não se comunicam melhor?"

Na verdade, comunicação não significa apenas ser entendido, mas também entender a outra pessoa. A PTP é "Como eu posso entender melhor você?".

Entendeu?

Capítulo 9

Não pergunte "Quando?"

"Quando eles vão dar um jeito nesse problema?"

"Quando o cliente vai me ligar de volta?"

"Quando vamos obter a informação de que precisamos para tomar uma decisão?"

Quando perguntamos "Quando?", na verdade estamos dizendo que não temos opção a não ser esperar e adiar a ação até outro momento. Perguntas que começam com "Quando" nos levam a adiar as coisas.

Não acredito que a maior parte das pessoas tenha realmente a intenção de protelar, de ficar adiando as coisas. É claro que ninguém pula da cama de manhã e diz: "Hoje eu vou empurrar com a barriga!" (Mesmo um viciado em adiar as coisas, que adoraria dizer exatamente isso, acabaria deixando para o dia seguinte.) Mas a mania de protelar vai ganhando corpo de forma sorrateira. Adiamos algo até um pouco mais tarde, e até um pouco mais tarde ainda, e depois ainda mais tarde. E então, quando percebemos, a ação já foi adiada por tanto tempo que se tornou um problema sério.

Você tem deixado para amanhã o que pode fazer hoje? A maioria das pessoas não hesita em admitir que a protelação é uma questão difícil de resolver. E, se é um problema para a maior parte das pessoas, é também para a maior parte das empresas e organizações. Quais são as conseqüências? Adiar as coisas significa que um tempo precioso foi perdido. A produtividade sofre com isso. Pode ser que a equipe não avance rumo à sua meta. Prazos deixam de ser cumpridos.

Como disse certa vez um cliente: "Visão de longo prazo e planejamento estratégico são ótimas ferramentas, mas precisamos que algumas coisas sejam feitas antes do almoço!"

Adiar o que tem de ser feito também aumenta o estresse. À medida que as coisas vão se empilhando, começamos a nos sentir sufocados, o que retira do nosso trabalho a sensação de prazer. Resumindo: a protelação sai caro para todos os envolvidos.

Por que fazemos isso? Tenho certeza de que há razões que poderiam ser investigadas, mas, francamente, prefiro falar sobre soluções. E uma solução consiste em parar de fazer perguntas que começam com "Quando" e que têm seu foco voltado para fora. Em vez disso, precisamos fazer PTPs como:

"Que solução eu posso oferecer?"

"Como posso me comunicar com o cliente de maneira mais criativa?"

"Que posso fazer para obter a informação necessária para tomar uma decisão?"

Lembre-se: As respostas estão nas perguntas.

CAPÍTULO 10

Protelação: a melhor amiga do fracasso

Decidi dar uma velha escrivaninha de madeira, muito grande, de mais ou menos um metro por um metro e meio, coberta com um tampo de vidro de meio centímetro de espessura. O novo dono não queria o vidro. Quando colocamos a escrivaninha na sua caminhonete numa manhã de sábado, deixamos a placa de vidro recostada numa trave de basquete, perto da entrada da nossa garagem.

Quando meu amigo se afastava de carro com a escrivaninha, ele disse: "Acho que você deveria pôr esse vidro em algum lugar seguro." Gritei em resposta: "Vou colocar!" Mas não coloquei. Em vez disso, fui podar alguns arbustos e limpar a garagem. Cada vez que passava ao lado do tampo de vidro, eu dizia a mim mesmo que deveria tirar aquilo dali antes que alguém o quebrasse. "Vou fazer isso mais tarde", continuei pensando.

O dia foi chegando ao fim e decidimos ir todos jantar fora juntos. Quando saía com o carro da garagem, Karen, minha mulher, disse: "Não deveríamos pôr esse vidro em algum lugar seguro?" Já sabem o que eu respondi.

Umas duas horas depois chegamos em casa já de noite e estávamos manobrando para entrar quando vi uma pequena tesoura de jardinagem perto da curva, sob a luz do poste. Disse ao meu filho, Michael, que tinha nove anos: "Mike, pode pegar aquela tesoura e guardar na garagem para mim, por favor?" E lá foi ele, enquanto eu me dirigia para casa.

Era uma noite tranqüila de sábado, mas, de repente, o silêncio foi quebrado pelo barulho mais assustador que já ouvi: o ruído de uma grande placa de vidro se estilhaçando em mil pedaços.

Compreendi na mesma hora o que tinha acontecido. Corri para fora e contornei nosso carro até achar Michael caído no chão, na entrada da garagem, em meio a centenas de perigosos fragmentos de vidro, alguns com até trinta centímetros. Ele estava chorando, e eu corri com ele no colo até o portão de casa, já esperando o pior. Segurei-o debaixo da luz para ver o quanto havia se machucado. Não pude acreditar no que via: nenhum arranhão! Ele tinha corrido de encontro a uma placa de vidro e caído em cima dela, mas ainda assim não tinha nenhum ferimento. Dizer que nos sentimos incrivelmente agradecidos é pouco.

Por que esse incidente aconteceu? Protelação, a melhor amiga do fracasso. Eu sabia que o vidro tinha de ser tirado dali, e fazer isso não teria levado mais do que alguns minutos. Mas adiei e adiei até que finalmente o problema explodiu no que poderia ter sido uma catástrofe.

Vamos cuidar das coisas pequenas enquanto elas ainda são pequenas.

CAPÍTULO 11

"Quando será que vamos ter mais recursos?"

A maioria de nós já ouviu dizer que ser criativo é pensar "fora dos padrões". Há uma boa dose de verdade nisso, mas para mim a genuína criatividade consiste em:

Ser bem-sucedido *dentro* dos padrões.

Acertar o alvo, atingir as metas, trabalhar direito e fazer realmente a diferença com o que nós já temos é o jeito PTP de resolver as coisas. Toda organização tem sistemas imperfeitos e recursos limitados. Seria bem melhor se tivéssemos novos recursos, sistemas melhores, mais gente e orçamentos maiores. Mas ficar pensando muito naquilo com que gostaríamos de contar é outra causa de protelação. Gerentes, por exemplo, acabam não formando uma equipe coesa até que "todas as pessoas certas estejam nos lugares certos". Indivíduos não tomam nenhuma decisão até disporem de todas as informações necessárias, ou preferem não agir até que todas as perguntas tenham sido respondidas.

Ironicamente, ter sucesso com os recursos de que já dispomos torna mais provável que consigamos aquelas coisas que queríamos em primeiro lugar. Ouçam a voz da sabedoria de um executivo da área de seguros: "Descobri que toda vez que consigo fazer o serviço com os recursos de que disponho acabo recebendo mais recursos." É uma verdade: primeiro semeamos, depois colhemos.

Centrar nosso foco naquilo que não temos é uma perda de tempo e de energia. Para realmente fazer a diferença, vamos, ao contrário, concentrar nossa energia em ter sucesso dentro do padrão, sem precisar de nada fora do normal. Vamos fazer a PTP: "Como posso cumprir minha tarefa com os recursos que tenho?"

CAPÍTULO 12

"Quando vamos ouvir algo de novo?"

Trabalhar com vendas pode ser difícil, mas não é complicado. Se um vendedor seguir à risca os princípios básicos da profissão – acordar cedo, contatar clientes promissores, compartilhar sua crença na utilidade dos seus produtos e serviços, fazer um acompanhamento cuidadoso –, ele será bem-sucedido.

Mas vocês nem imaginam quantos vendedores me procuram à espera de alguma nova proposta mirabolante para melhorar seu desempenho. Ouço com freqüência coisas como: "John, já li *Os segredos do vendedor nº 101*. E agora, qual é a novidade?" Minha resposta? NENHUMA! O problema não é a falta de novas idéias, mas a falta de entendimento de que as idéias "velhas" ainda funcionam.

Isso pode não ser verdade em relação à tecnologia, que muda a cada cinco minutos, mas, quando se trata dos princípios nos quais devemos basear nossas carreiras e nossas vidas, as coisas *velhas* são as coisas *boas*.

Quantas vezes no trabalho tivemos que implantar um programa "azul", um programa "vermelho" ou um programa "verde" – todos em menos de noventa dias –, para no final nenhum deles fazer diferença, porque não se pode consertar rapidamente problemas de longo prazo? Não temos necessidade da "última novidade" ou daquele recurso "quentíssimo". Só precisamos praticar os princípios básicos – como o da responsabilidade pessoal – dia após dia.

"Quando é que vamos ouvir algo de novo?" é a pergunta errada. A certa é: "Como eu posso colocar em prática o que estou ouvindo?" Mesmo que você já tenha ouvido aquilo antes.

CAPÍTULO 13

Não pergunte "Quem?"

"Quem cometeu o erro?"

"Quem não cumpriu o prazo?"

"Quem pisou na bola?"

Quando fazemos perguntas com "Quem", na verdade estamos procurando bodes expiatórios, alguém em quem colocar a culpa. E culpar pode ser a mais disseminada e contraprodutiva de todas as idéias de que falamos até agora. Dê uma olhada na página ao lado: braços cruzados, dedos acusando todos os outros. Chamo isso de "O Brasão da Companhia". Se as organizações tivessem logomarcas para suas identidades internas, esta seria a indicada em boa parte dos casos.

Quando estava a bordo de uma van que me levava de uma estação de esqui no estado de Utah até o aeroporto

O Brasão da Companhia

de Salt Lake City, puxei conversa com o motorista. Descobri que ele acumulava a função com o cargo de gerente de vendas da empresa de transportes. Enquanto falávamos da mania de culpar os outros, ele disse:

– Na minha firma é um tal de um culpar o outro!

– É mesmo? – perguntei, esperando que ele contasse mais.

– É – continuou ele. – A recepcionista põe a culpa naqueles que organizam as saídas, estes culpam os motoristas, que, por sua vez, culpam os vendedores, que põem a culpa em mim...

Eu o interrompi.

– Quantas pessoas trabalham na empresa?

– Doze – ele disse.

Doze pessoas! Acho que não é preciso ser uma grande companhia para se deixar levar pelo jogo da culpa.

Do menor grupo à maior multinacional, do mais baixo degrau da escada até o mais alto gabinete do país, está em curso uma epidemia à qual ninguém está imune: a mania de culpar os outros. O presidente põe a culpa no vice-presidente, que culpa o gerente, que culpa o empregado, que culpa o cliente, que culpa o governo, que culpa o povo, que culpa os políticos, que culpam as escolas, que culpam a família, que culpa os adolescentes, que culpam os pais, que culpam as mães, que culpam o gerente, que culpa o vice-presidente, que culpa o presidente, e assim por diante. Esse é o "Círculo da Culpa", e seria até engraçado se o problema não fosse tão real.

Perguntas que jogam a culpa nos outros não resolvem os problemas. Elas geram medo, destroem a criatividade e erguem muros. Em vez de promover um esforço coletivo para realizar as coisas, produzem um festival de culpa – e nada mais. Não há nenhuma possibilidade de aproveitarmos plenamente nosso potencial se não pararmos de culpar uns aos outros e começarmos a praticar o princípio da responsabilidade pessoal.

"O que eu posso fazer hoje para resolver o problema?"

"Como posso fazer esse projeto ir adiante?"

"Que atitude posso tomar para assumir o controle da situação?"

Tente essas perguntas em vez das perguntas com "Quem" do início deste capítulo e veja como rapidamente você será capaz de romper o Círculo da Culpa no seu trabalho.

Capítulo 14

Um mau navegante põe a culpa no vento

Você já ouviu o ditado "Um mau navegante põe a culpa no vento"? Ou então: "Um mau operário põe a culpa na ferramenta"? Que tal "Um mau funcionário põe a culpa nos recursos à sua disposição"?, ou "Um mau treinador põe a culpa nos jogadores"? Vamos nos divertir um pouco e levar essa idéia adiante:

Um mau professor põe a culpa nos ________________

Um mau vendedor põe a culpa nos ________________

Um mau pai põe a culpa nos ________________

Um mau gerente põe a culpa nos ________________

Um mau empregado põe a culpa no ________________

Um adolescente problemático põe a culpa no... mundo!

E as pessoas com sentido de responsabilidade pessoal, em quem elas põem a culpa? Em ninguém. Não culpam nem a si mesmas.

Capítulo 15

Ilhas

— Você está brincando! – eu disse. – Vocês aqui não sofrem da síndrome "nós/eles"?

Kevin, um vice-presidente de operações, estava sentado sorrindo e balançando a cabeça enquanto eu prosseguia.

– Não há nenhum atrito devido à confusão sobre quem deve fazer o quê? Nenhum conflito de mentalidade entre o pessoal que sai a campo e o do escritório? Nenhuma atitude de confronto entre funcionários e gerência? Nada de "nós/eles"?!

Não dava para acreditar. Se fosse verdade, seria a primeira vez em toda a minha vida que eu me deparava com uma empresa que não sofria desses problemas.

– Absolutamente nada – ele disse, acrescentando com

um sorriso maroto: – Aqui não tem essa história de "nós/eles". *É a nossa turma contra a deles!*

Kevin estava brincando. "É claro que também sofremos da síndrome do 'nós/eles'. Quem não sofre?", é o que estava subentendido na sua piada.

Encontrei outro executivo que encarava a questão de maneira mais direta: "John, posso resumir todos os nossos problemas em poucas palavras: *ilhas* e *como-tirar-o-seu-da-reta*."

No seu trabalho existem ilhas chamadas contabilidade, produção, marketing, pesquisa & desenvolvimento, operações, administração, a sede e as filiais? Costuma ouvir as pessoas dizendo "Esse não é meu trabalho", enquanto as ilhas se isolam cada vez mais e a distância entre elas se torna quase intransponível? Conheço uma empresa cujo departamento de vendas se refere à matriz como "O Clube de Prevenção às Vendas"!

E tem o caso de uma funcionária do serviço de atendimento ao consumidor de uma empresa de comércio eletrônico que, diante do meu pedido de informações sobre uma encomenda que ainda não fora entregue, me disse: "É, o departamento de entregas está aprontando com a gente de novo!" A gente? De que equipe ela pensa que faz parte?

A despeito de todo o tempo e de todos os recursos que as organizações empregam no esforço para formar suas equipes, parece que ainda esquecemos de uma verdade bastante simples: fazemos parte da *mesma* equipe. Todos os dias vemos grupos, departamentos, regiões e indivíduos trabalhando em direções opostas. Nossas supostas equipes ficam fazendo intrigas e reclamando sobre os "outros" que "não fazem o serviço deles direito". Esse tipo de compartimentalização e luta interna é um ralo por onde se escoa toda a vida de uma empresa. É como ter uma dessas bicicletas de dois lugares, só que, nesse caso, os ciclistas estão sentados e pedalando em sentidos opostos: há muita atividade, muito esforço, mas nenhum movimento para a frente.

Com os competidores trabalhando duro para nos derrotar, podemos realmente nos dar ao luxo de ficarmos uns contra os outros? Vamos sair de nossas ilhas, esquecer o "nós/eles" e lembrar: estamos todos na mesma equipe.

CAPÍTULO 16

Vença o juiz

Meu pai, Jimmy Miller, foi o principal treinador de luta greco-romana da Universidade de Cornell, em Ithaca, Nova York, por mais de 25 anos. Antes de cada luta, ele sempre me lembrava de que eu tinha três pessoas para derrotar: meu adversário, eu mesmo e o juiz.

Que eu precisava derrotar meu adversário era óbvio. Quando ele dizia "eu mesmo", queria dizer que tinha de superar os medos que todo atleta naturalmente tem. Sobre vencer o juiz, ele dizia: "Não importa quão dura seja a luta, John. Mesmo que você perca por causa de um ponto, mesmo que ele marque algumas faltas duvidosas, você não pode pôr a culpa no homem de preto e branco." E concluía: "Se quer vencer, é preciso que seja bom o bastante para derrotar o juiz!"

Essa lição pode ser aplicada também no nosso dia-a-dia. "Derrotar o juiz" significa ser um vendedor com maturidade suficiente para reconhecer: "O concorrente me superou, conseguiu vender mais do que eu", em vez de reclamar do produto, do preço e da falta de publicidade. Significa fazer seu papel dentro de uma equipe sem jamais dizer: "Por que os outros não fazem a sua parte?" Significa ser um gerente que não faz Perguntas Incorretas do tipo: "Por que meu pessoal não está motivado?" Significa ser alguém que não fica se queixando da gerência: "Por que eles não nos dizem o que está acontecendo?"

Quem é o "juiz" na sua vida? Que pessoa ou situação está se colocando entre você e o sucesso? Poderia ser um supervisor que tenta controlar demais as coisas, fazendo com que você tenha dificuldade em realizar seu trabalho, ou sistemas ineficientes implantados na empresa que o levam a perder um bocado de tempo? Ou talvez seja uma situação pessoal que esteja minando sua energia?

Independentemente do que esteja tentando realizar, há sempre uma barreira de algum tipo a ser superada, e muitas vezes é algo sobre o qual não temos nenhum controle. Em vez de focar nos obstáculos, vamos trabalhar para sermos tão bons que teremos sucesso, não importa quantas faltas o juiz marque equivocadamente contra nós.

Se quer vencer, não fique reclamando das coisas fora do seu controle. É só ser bom o bastante para derrotar o juiz.

CAPÍTULO 17

"Quem pisou na bola?"

Era um dia quente de verão. Ao entrar no avião, logo percebi que a aeronave estava superlotada e abafada. Estava na cara que tinham vendido passagens além do número de lugares. E, para piorar, cada passageiro carregava no mínimo três enormes valises como bagagem de mão. Resultado: várias pessoas exibiam bilhetes em que a mesma poltrona estava indicada e ninguém estava gostando nada disso. O clima no avião era tenso.

As portas finalmente se fecharam, mas a aeronave ficou parada mais de uma hora na pista, sem que a tripulação nos desse qualquer explicação. Graças a Deus, conseguimos finalmente levantar vôo, e foi ali que encontrei um dos meus heróis PTP.

O nome da aeromoça era Bonita. Quando a vi pela primeira vez, ela avançava pelo corredor com os braços carregados de fones de ouvido, sorrindo muito e parecendo se divertir. E, como estávamos na semana anterior à do Natal, ela usava um gorro de Papai Noel, que caía por cima do ombro.

Enquanto distribuía os fones, ela tentava reverter a situação desagradável. Em vez de assumir uma postura defensiva ou falar algo desagradável, como: "Nós ficamos segurando vocês na pista por uma hora, mas mesmo assim podem ir passando os cinco dólares!", ela estava oferecendo-os de graça. "Tenho certeza de que o senhor vai gostar de nossa programação de esportes. Pode ficar com o fone!", ouvi-a dizer para um rapaz. E para uma mulher: "Reparei que está viajando sozinha, madame. Gostaria de um companheiro?"

Quando chegou ao meu lado, fiz com que parasse e lhe disse: "Sabe de uma coisa, Bonita, gostei muito da sua atitude!" Enquanto a aeromoça se afastava com o sorriso no rosto e o gorro de Papai Noel na cabeça, ela disse: "Bem, faça o que fizer, não me submeta a um teste antidoping!"

Eu não precisava testá-la. Já sabia que ela estava *alta* — ou melhor, embriagada com a vida. E essa é uma das coisas maravilhosas que acontecem quando fazemos escolhas melhores. Ficamos embriagados com a vida.

Não tem nada a ver com "nós" contra "eles", ou "Por que vocês venderam passagens além da conta?", ou "Quem pisou na bola?". A pergunta melhor é: "O que eu posso fazer neste momento para tornar as coisas melhores?"

Com uma simples escolha, Bonita fez algo para melhorar a minha situação e a de todos ali naquele avião. É assim que a responsabilidade pessoal muda o mundo: com uma escolha de cada vez.

CAPÍTULO 18

Vestindo a camisa

As pessoas costumam falar da necessidade de um comprometimento maior com o trabalho, ou seja, da importância de vestir a camisa. A história que vou contar agora ilustra bem o que elas querem dizer.

Eu estava com um problema de estática na minha linha telefônica, então fiz contato com a companhia pedindo o conserto. Um sujeito da manutenção apareceu, trabalhou bastante e foi embora. Mas a estática voltou no dia seguinte. Um segundo funcionário da manutenção veio e trabalhou ainda mais. Mas o problema logo voltou. Quando o terceiro sujeito apareceu, eu descrevi o problema, fiz uma pausa e esperei que ele começasse a jogar a culpa nos outros dois. Esperava mesmo que fosse falar mal dos colegas, mas não foi o que aconteceu. Em vez disso, ele me surpreendeu com uma frase de efeito: "Sr. Miller, não posso explicar o que aconteceu, mas tenho certeza de que posso pedir desculpas por isso!"

Vestir a camisa: "Um compromisso da cabeça, do coração e das mãos para *resolver* o problema e nunca mais *culpar* os outros."

Você assumiu este compromisso?

Capítulo 19

A base do trabalho em equipe

Ao olhar uma águia voando alto, você lamentaria que ela não pudesse nadar como um golfinho? Ao ver um golfinho, iria esperar que ele alcançasse as alturas como uma girafa? Questionaria por que um leão não pode correr tanto quanto um guepardo? Não, é claro que não. Seria ridículo.

Você forma equipes com pessoas diferentes de você?

"Um colega de equipe é alguém capaz de perceber seus erros e acertos e ainda assim gostar do que vê."

Vamos valorizar os dons e os pontos fortes de cada um. Vamos valorizar cada pessoa do jeito que ela é. Essa é a base do trabalho em equipe.

Capítulo 20

Fazendo da responsabilidade algo pessoal: todas as PTPs contêm um "eu"

Logo depois de eu ter dado uma palestra sobre responsabilidade pessoal e PTP, o presidente da empresa se levantou para dizer algumas palavras. Depois de fazer alguns comentários diante de centenas de pessoas, ele apertou um botão, e uma enorme mensagem foi projetada numa tela atrás dele:

"A responsabilidade pessoal começa com VOCÊ!"

Sabia o que ele estava tentando dizer, mas ele errou o alvo. Responsabilidade pessoal NÃO começa com você.

Começa comigo, ou seja, começa com EU. É por isso que é chamada de responsabilidade *pessoal*. Não se trata de você e eu jogando a responsabilidade um para cima do outro, como um gerente faz ao estabelecer normas, definir conseqüências, fixar metas e fazer com que as pessoas possam ser cobradas por seus desempenhos. Nem é uma coisa de grupo, na qual as pessoas se juntam, se comprometem publicamente com um objetivo e então voltam a se encontrar uma semana ou um mês depois para discutir o que aconteceu ou deixou de acontecer.

Responsabilidade pessoal tem a ver com cada um de nós nos cobrarmos a respeito dos pensamentos e comportamentos que temos e dos resultados que estes produzem.

É por isso que o segundo princípio da PTP é: Todas as PTPs contêm "eu", e **não** "eles", "nós" ou "você". Perguntas que contêm "eu" desviam nosso foco de outras pessoas e circunstâncias e voltam a atenção para nós mesmos, o que acaba gerando melhores resultados. Não podemos mudar as outras pessoas. Muitas vezes não podemos mudar as circunstâncias ou os acontecimentos. As únicas coisas sobre as quais temos algum tipo de controle são nossos próprios pensamentos e ações. Perguntas que mantêm nossos esforços e nossa energia concentrados no que podemos fazer tornam nossa atuação mais efetiva, além de nos transformar em pessoas mais felizes e menos frustradas.

Grupos e reuniões em que determinamos responsabilidades são uma ferramenta importante. Gerentes e executivos precisam *mesmo* definir e comunicar normas e padrões, mas o poder da responsabilidade pessoal vem das perguntas que começam com "O que" ou "Como" e que contêm um "eu".

CAPÍTULO 21

Só posso mudar a mim mesmo

Qual é a única pessoa que eu posso mudar? Certo – eu mesmo. Aposto que você sabe disso há muito tempo. É algo tão básico, tão fundamental. Agora vou fazer uma pergunta que vai mexer com você: Enquanto está lendo este livro, em quem está pensando? Com certeza, o seguinte pensamento já cruzou sua mente: "Gostaria que *eles* pudessem ouvir isso, porque *eles* precisam!" Acontece o tempo todo. Nós falamos: "Só posso mudar a mim mesmo." Mas quando nos perguntam: "Quem você acha que precisa da PTP?", dizemos: "*Eles* precisam!"

Você tentou "consertar" alguém ultimamente? Todos nós fazemos isso. Às vezes não percebemos que estamos tentando mudar as pessoas, mesmo quando estamos.

Durante uma conversa com quatro colegas de equipe, o diretor de uma entidade sem fins lucrativos garantiu que não estava tentando mudar sua assistente: "Não faria isso de jeito nenhum! Só acho que ela mesma deveria ser capaz de estabelecer mais metas de longo prazo." Tradução: "Quero que ela seja o que *eu* quero que ela seja."

Outros sabem o que estão fazendo, mas não admitem esse fato. Estava conversando com uma especialista em treinamento, fazendo os últimos preparativos para aplicar um programa PTP na sua empresa, quando ela me disse:

– Sabe por que o vice-presidente está investindo nesse programa?

– Por quê? – perguntei, com certa cautela, imaginando aonde aquilo levaria.

– Ele quer dar um jeito em Ed.

Dar um jeito em Ed?

Ed, ela explicou, era um supervisor que estava tendo dificuldades com sua função. Mas, em vez de assumir a responsabilidade e lidar com a situação de maneira direta e franca, o vice-presidente estava submetendo a equipe inteira àquele treinamento. *Dar um jeito em Ed.* Essas palavras ficaram para sempre na minha cabeça.

E ainda há outros que pensam que mudar as pessoas faz parte das suas atribuições. Numa visita a uma empresa, conheci um jovem gerente, de menos de trinta anos, que me disse com todas as letras: "Acredito que mudar as pessoas é o meu trabalho – sou um gerente!" Sinto muito. Gerentes não mudam pessoas. Eles podem orientar, aconselhar, ensinar e guiar, mas ninguém pode mudar outra pessoa. A mudança *só* ocorre de dentro para fora, como resultado de decisões tomadas por um indivíduo.

Essa é uma lição difícil de ser aprendida. Mesmo quando dizemos "entendi", há uma grande diferença entre entender uma idéia – "Sim, só posso mudar a mim mesmo!" – e examinar honestamente a realidade dos nossos pensamentos e ações.

Freqüentemente, quando pergunto a um grupo: "Qual é a *única* coisa que você mudaria para tornar a empresa onde trabalha mais eficiente?", as pessoas costumam responder com uma lista de "**P**s": **P**rodutos, **P**romoções, **P**olíticas, **P**rocessos, **P**rocedimentos, **P**reços e **P**essoas. Mais pessoas, menos pessoas, novas pessoas.

Nossas mentes são tomadas por todo tipo de idéias quando nos perguntam o que faríamos para melhorar as coisas. Mas adivinhe o que ninguém nunca responde? Eu! "Eu mudaria a *mim mesmo* para fazer com que a empresa se tornasse mais eficiente." Uma vez me disseram que essa pergunta era uma armadilha, mas não acho que seja. Leia de novo. Nossas mentes simplesmente não chegam lá. Nossos pensamentos quase sempre estão focados em outra parte. Ao fazer perguntas com "O que" ou "Como" e que contêm "eu", voltamos a atenção para nós mesmos.

Como as coisas seriam melhores se todos nós procurássemos moldar nossos pensamentos e ações em vez de tentar fazer isso com os outros. O princípio básico é que a PTP funciona porque está fundamentada na seguinte verdade: *"Só posso mudar a mim mesmo."*

CAPÍTULO 22

"Ele não mudou, eu mudei"

Depois de uma palestra, uma gerente de nível médio de uma empresa muito respeitada me procurou para contar que a idéia do "Só posso mudar a mim mesmo" a tinha sensibilizado.

"Quando eu era gerente de departamento", ela explicou, "tinha um cara na minha equipe com quem eu não conseguia lidar. Nós simplesmente não nos dávamos de jeito nenhum. Quando ele foi transferido para uma filial em outro ponto do país, eu me senti aliviada."

"Poucos anos depois, ele voltou para a sede e, por ironia do destino, foi trabalhar novamente sob a minha supervisão. Mas dessa vez as coisas correram de modo diferente", ela disse. "Nós estávamos nos entendendo, nos comunicávamos bem e cooperávamos nos projetos.

A certa altura eu me perguntei: 'Quando foi que ele mudou?' Então compreendi que ele não tinha mudado, eu tinha!"

"Como você mudou?", perguntei. Sua resposta acertou na mosca:

"Eu parei de tentar fazer com que ele mudasse."

CAPÍTULO 23

"Quando os outros vão fazer o que dizem?"

Lá vão os executivos montanha acima isolar-se num resort para fazer um workshop sobre gerenciamento. Por três dias eles vão debater temas vitais e anotar solenemente as questões que consideram fundamentais. Finalmente, tendo à mão "a missão, a visão e os valores", descerão de volta ao vale, onde os funcionários os esperam para receber "os mandamentos", na verdade pequenos cartões contendo os princípios essenciais que toda a empresa deve adotar a partir daquele momento. Os homens vão guardá-los no bolso – e se sentarão sobre eles –, e as mulheres os enfiarão em suas bolsas atulhadas.

Não muito tempo depois, ao se reunirem em torno de um bebedouro, os funcionários vão puxar seus cartões e sussurrar: "Vou colocar esses valores em prática assim que *os chefões* fizerem isso!"

Cuidado! As coisas mais fáceis de se identificar são a incoerência e a falta de integridade das pessoas:

Como, por exemplo, o gerente que diz: "Estou aqui para ajudá-los a alcançar suas metas pessoais", e então passa uma tremenda descompostura em um dos colaboradores na frente de todos.

Ou o executivo que afirma: "O poder agora está nas mãos de vocês. Este é o nosso novo programa!", para acrescentar logo em seguida: "Mas, antes de fazerem qualquer coisa importante, falem comigo."

Ou ainda alguém da equipe que diz: "Eu valorizo os meus colegas do jeito que eles são... Mas seria tão bom se eles fossem só mais um pouquinho como eu..."

Sem falar na empresa que orgulhosamente anuncia no saguão o seu lema: "As pessoas são o nosso maior patrimônio!", mas a verba reservada ao treinamento é a última a entrar no orçamento e a primeira a ser cortada.

A definição de integridade é esta:

> "Ser o que eu digo que sou, agindo de acordo com as minhas palavras."

O pensamento PTP conduz à integridade porque ela começa comigo – não com os outros – fazendo a pergunta: "Como posso colocar em prática os princípios que defendo?"

Em vez de perguntar: "Quando os outros vão fazer o que dizem?", vamos nós mesmos tomar a iniciativa de "fazer o que dizemos" primeiro.

CAPÍTULO 24

Um teste de integridade

Eis um bom teste de integridade para qualquer profissional: Será que o que nós falamos sobre a empresa enquanto estamos no escritório *corresponde* ao que dizemos em casa? Se é positivo no trabalho e negativo algumas horas mais tarde em casa, temos uma opção a fazer. Esta é uma idéia sobre a qual todos nós deveríamos refletir:

Ou se acredita ou se cai fora.

Parece duro demais? Talvez. Mas se a empresa deixou de ser um meio de atingirmos nossas metas pessoais, por que deveríamos ficar?

Responder honestamente a essa pergunta faz parte do processo de assumir e praticar a responsabilidade pessoal.

CAPÍTULO 25

O poder do indivíduo

Uma das perguntas mais tentadoras para quem acaba de aprender a PTP é: "O que *nós* podemos fazer?" O problema é que "nós" não mudamos. Equipes, departamentos e empresas não mudam. Pessoas mudam, uma de cada vez, através das suas próprias escolhas.

Sou partidário do conceito de equipe, mas, se não tivermos cuidado, podemos acabar substituindo a linguagem da responsabilidade pessoal pela linguagem da equipe ("nós"). Podemos nos esconder atrás do grupo com pensamentos que se tornam desculpas, como:

"A equipe não cumpriu o prazo."

"A equipe não contou com recursos suficientes."

"A equipe não realizou a tarefa."

"A equipe não recebeu uma missão clara."

Responsabilidade pessoal não tem nada a ver com mudar os outros. Ela ensina a fazer a diferença mudando a nós mesmos.

Responsabilidade pessoal. O poder do indivíduo.

CAPÍTULO 26

A guinada PTP

Talvez você já tenha ouvido falar na Prece da Serenidade:

"Que Deus me dê serenidade para aceitar as coisas que não posso mudar, coragem para mudar as coisas que posso mudar e sabedoria para distinguir uma coisa da outra."

Eis aqui uma versão PTP que pode representar uma guinada para todos nós:

"Que Deus me dê serenidade para aceitar as pessoas que não posso mudar, coragem para mudar a única que posso mudar e sabedoria para saber que... *sou eu*!"

Capítulo 27

Se você quer ser um exemplo para os outros, dê um passo à frente!

Fazemos um tremendo alvoroço quando uma estrela de Hollywood, um herói do mundo do esporte, um astro pop ou um político saem da linha. Eles não têm vergonha – comentamos – de oferecer um exemplo tão negativo para as crianças? Mas, na verdade, não é função de nenhuma personalidade servir de modelo para nossos filhos. Isso é trabalho nosso – seu e meu. Às vezes essa compreensão é um tanto intimidadora, mas essa é a verdade.

E é igualmente verdade para todos nós. Não importa qual seja o nosso papel, alguém está nos observando e tentando nos imitar.

Servir de exemplo é a melhor maneira de ensinar os outros – e também de aprender.

Quem está observando você?

CAPÍTULO 28

Praticando a responsabilidade pessoal: o foco das PTPs está na ação

Uma corporação que acabara de passar por uma grande fusão promoveu uma sessão de PTP. Após a palestra, um gerente de nível médio me procurou e me contou a seguinte história. Ao chegar à nossa sessão matinal, ele estava irritado e não conseguia parar de reclamar (nas suas próprias palavras) da companhia que havia absorvido sua firma e que estava atrapalhando suas operações de campo. Depois de mais ou menos uma hora de PTP, ele começou a pensar de modo diferente. Deu um jeito de sair da reunião e fez por telefone uma reserva no primeiro vôo do dia seguinte rumo à matriz, na Costa Leste. Ele havia encontrado uma solução para o problema.

Que grande exemplo de prática da responsabilidade

pessoal. Primeiro, o gerente decidiu parar de reclamar e fazer uma pergunta melhor: "O que eu posso fazer?" E quando veio a resposta melhor – "Sabe de uma coisa? Eu podia ir até lá, sentar com eles e dar um jeito nisso" –, ele entrou em ação: pegou o telefone e reservou a passagem.

É tão simples, mas o objetivo final da PTP é a ação!

Para centrar o foco na ação, acrescentamos verbos como "fazer", "realizar" e "construir" a perguntas que começam com "O que" ou "Como" e que contêm um "eu".

Mas, se só fizermos isso, a PTP pode resultar em algo como "O que eu faço?" ou "Como construo?". Então, para não ficar parecendo que falamos como um troglodita, devemos acrescentar mais uma ou duas palavras, como "posso" ou "vou" e "agora" ou "hoje", e no final obteremos perguntas que soam incrivelmente bem, como "O que eu posso fazer agora?" e "Como posso fazer alguma diferença hoje?".

Se não perguntarmos o que podemos fazer ou realizar ou alcançar ou construir, então não faremos, realizaremos, alcançaremos ou construiremos. A coisa é simples assim. Só por meio da ação se realiza alguma coisa.

A prática da responsabilidade pessoal pode ser resumida em poucas palavras: nós disciplinamos nossos pensamentos, fazemos perguntas melhores e partimos para a *ação*.

CAPÍTULO 29

O risco de não se fazer nada

Um executivo do alto escalão de uma instituição financeira me contou que já ouviu inúmeras vezes as pessoas dizerem: "Não quero correr riscos." Sua resposta é sempre a mesma: "O melhor que eu e você temos a fazer é correr riscos, porque neste exato minuto há uma dúzia de pessoas debruçadas sobre seus computadores empenhadas em acabar com nossos empregos!" O que ele estava realmente querendo dizer? Nenhum de nós tem estabilidade no emprego, e a nossa falta de iniciativa hoje pode *garantir* a nossa falta de emprego amanhã. Agir pode parecer arriscado, mas não fazer *nada* representa um risco ainda maior!

Ainda que agir implique correr riscos, a alternativa – ou seja, a inação – raramente é a melhor opção:

- A ação, mesmo quando resulta em erros, nos faz aprender e crescer. A inação só traz estagnação e atrofia.
- A ação nos coloca no caminho das soluções. A inação, na melhor das hipóteses, não leva a nada e nos mantém presos ao passado.
- A ação requer coragem. A inação muitas vezes é sinal de medo.
- A ação nos dá confiança. A inação, dúvidas.

Um amigo fez o seguinte jogo de palavras: "É melhor ser aquele profissional a quem se manda esperar do que o que espera para ser mandado."

Decida o que fazer. E então aja.

CAPÍTULO 30

"Volte sempre!"

Certa manhã, poucas semanas depois de Judy começar a trabalhar de caixa numa loja da Home Depot – uma gigante do ramo de material de construção, móveis e produtos para o lar –, um jovem na fila à sua frente chegou visivelmente apressado. Impaciente, ele jogou alguns itens diante dela junto com uma nota de cem dólares, mas o total das compras era de apenas dois dólares e oitenta e nove centavos.

– Não tem menor? – Judy perguntou.

– Não, desculpe. Não tenho – ele respondeu.

Judy precisava tomar uma decisão naquele exato momento. Ela acabara de abrir o caixa e tinha apenas trinta dólares na gaveta. O procedimento padrão da empresa determinava que, para trocar os cem dólares, ela deveria enviar a nota para o escritório central da loja. Mas Judy achou que isso levaria mais tempo do que seu cliente estava disposto a esperar – sem falar nos outros fregueses na fila atrás dele.

Então, eis o que ela fez: devolveu ao jovem a nota de cem, pegou sua bolsa, tirou dois dólares e oitenta e nove centavos, pôs na caixa registradora e lhe deu o recibo. Ela se virou para o freguês com um sorriso e disse: "Obrigada por comprar na Home Depot. Volte sempre!"

O homem ficou parado ali por alguns instantes até compreender o que ela havia feito. Finalmente, um tanto perplexo, ele lhe agradeceu várias vezes e saiu. Para Judy, a história acabava aí.

Mas, dois dias depois, seu supervisor, parecendo confuso e também divertido, se aproximou dela segurando um envelope.

– Judy, tenho de resolver isto aqui – ele disse. – Você comprou mesmo uma mercadoria para um de seus clientes no outro dia?

Ela parou para pensar.

– Sim, acho que fiz isso.

– Bem, ele mandou uma gorjeta para você – disse o

supervisor. – E, como funcionária da Home Depot, você sabe que não pode receber gorjetas.

– Não quero gorjeta – ela respondeu, acrescentando rapidamente: – De quanto?

– Cinqüenta dólares.

– Nossa! E se eu colocasse o dinheiro na nossa caixinha da pizza para que fosse usado por todo mundo?

– Tudo bem. Podemos fazer isso.

Então o dinheiro foi para a caixinha da pizza, e ninguém mais pensou no assunto.

Porém, no dia seguinte, o jovem apareceu novamente na fila. Desta vez, ele estava com o pai, Bob Johnson, proprietário da Johnson Construction Company. Pergunta: Do que empreiteiros precisam? Resposta: De material de construção! E a melhor resposta do ponto de vista de Judy: De material de construção da Home Depot.

O Sr. Johnson disse para Judy:

– Quero que saiba que, por causa do que fez com meu filho no outro dia, decidimos comprar tudo de que precisamos aqui na loja de vocês!

Isso não é incrível? Nunca diga que uma pessoa, sozinha, não é capaz de exercer um grande impacto, especialmente se ela está disposta a correr riscos. Lembre-se de que a situação de Judy era delicada. O jovem estava com pressa, havia uma longa fila atrás dele, e o procedimento padrão dizia que ela teria de fazer com que todos esperassem até que conseguisse o troco. Mas Judy não perdeu tempo pensando: "Por que isso está acontecendo comigo?" Também não escolheu a solução mais fácil, que seria dizer "Desculpe, são as normas da casa" e fazer com que todos esperassem.

Judy manteve a cabeça fria e decidiu agir e atender o seu freguês. Esse é o serviço PTP – e vale a pena correr o risco.

Mas a história ainda não acabou. Logo depois que o Sr. Johnson falou, seu filho se debruçou e cochichou no ouvido de Judy:

– Por favor, eu tenho de saber.

– Saber o quê? – ela sussurrou de volta.

– No dia em que você pagou minhas compras... Até quanto teria ido?

CAPÍTULO 31

Líderes em todos os níveis

Você é um líder? Muitas pessoas ficam às voltas com essa questão. "Eu sou um líder ou o meu gerente é que é um líder? Será que o presidente da empresa é um líder? E o diretor do meu departamento?" Ou pensam: "Talvez o líder seja o meu colega que recebeu o título de Líder de Equipe."

No entanto, certa vez encontrei um homem que não alimentava nenhuma dúvida a esse respeito. Eu tinha acabado de perguntar a um grupo: "Vocês são líderes?", quando ele levantou-se lá da última fileira e gritou: "Eu sou um líder, John. Pode apostar: eu sou um líder!"

Perguntei qual era o seu nome, e ele respondeu: "Jim Leader." É uma história real. Jim Leader. Examinei sua identidade para me certificar. James D. Leader, 33 anos.

Sabe o que isso quer dizer? Há pelo menos 31 anos que James pode afirmar, com segurança, que não apenas ele é um líder, mas também que é um líder *nato!*

No entanto, para a maioria de nós, isso não é tão simples. Freqüentemente pensamos em liderança como algo que tem a ver com um título, uma posição, o número de pessoas ou de dinheiro com que lidamos ou mesmo com o tempo de serviço. Acho esse último item especialmente engraçado. Quando ouço alguém se vangloriar dizendo: "Estou aqui há 12 anos!", posso imaginar na mesma hora alguma outra pessoa retrucando: "É, e talvez esse seja o seu problema!"

Não me entendam mal, lealdade é uma qualidade formidável. Mas o número de anos que alguém passou em algum lugar não significa automaticamente que ele seja um bom líder, da mesma forma que ter um título de gerente, diretor ou vice-presidente não é uma garantia disso. E certamente as coisas que compramos – carros caros, casas bonitas – não servem de medida para nossa competência como líderes.

Liderança, mais do que qualquer outra coisa, tem a ver com o modo como nós pensamos. Significa disciplinar, momento a momento, os nossos pensamentos. Significa colocar em prática a responsabilidade pessoal e optar por fazer uma contribuição positiva, não importa qual a nossa função ou "nível". Uma recepcionista, um engenheiro, um vendedor, um trabalhador temporário, um caixa – todos eles podem ser líderes. Judy era uma, lembra? E o mais importante papel de liderança que existe, com toda a certeza, é o de pai ou mãe. Você é um amigo, técnico de uma pequena equipe esportiva, voluntário, alguém que tem influência sobre como os outros trabalham?

O mesmo princípio vale para todos:
se pensamos como líderes, então somos líderes.

Então vou lhe perguntar de novo: Você é um líder? Pense nisso.

CAPÍTULO 32

O princípio básico da liderança

Lembram-se de Jacob Miller, do restaurante lá do Capítulo 1? O garçom que pediu à gerente para comprar uma Coca light para mim? Bem, Jacob não foi o único herói nessa história. Sua gerente também foi uma heroína. E já é hora de lhe dar o devido crédito.

Pense só: Jacob correu para ela e disse: "Ei, dá para comprar uma Coca light para esse cara?" O que ela disse? "Sim!" Mas, ainda mais importante, o que ela *não disse?* Ela não respondeu com uma das seguintes perguntas:

"Ei, espere aí, Jake, quem trabalha para quem por aqui, afinal?"

"Bem, não sei. O que você tem feito para mim nos últimos tempos?"

"Lembra aquela vez em que você pisou na bola?"

Ou que tal esta resposta: "Deixa eu dar uma olhada na sua folha de avaliação para ver se está atingindo suas metas. Se estiver, talvez eu o ajude."

Ela poderia ter feito perguntas inúteis como essas, mas não fez. Em vez disso, ela atendeu Jacob na mesma hora como teria atendido qualquer cliente – interno ou externo. Ela não disse: "Primeiro trate de obter resultados e aí eu vou ajudá-lo", mas sim: "Eu vou ajudar você para que obtenha resultados."

Não fez a linha "Eu sou a chefe, então você está aqui para me servir", mas "Eu sou uma líder, estou aqui para ajudar *você* a atingir as *suas* metas." Liderança a serviço dos outros é o estilo PTP e requer um espírito de humildade com uma disposição para servir.

Humildade é o princípio básico da liderança.

Capítulo 33

O papel do líder não é solucionar problemas

Depois de fazer uma palestra sobre a PTP na minha cidade, Denver, desci no elevador do hotel com uma mulher que havia participado da conferência. Como uma aluna estudiosa, ela relia suas anotações mergulhada em pensamentos. Antes que chegássemos ao saguão, ela ergueu os olhos para mim e falou: "Então, John, o que você está dizendo é que devo voltar ao escritório e fazer o trabalho das outras pessoas por elas?"

"Nossa, de onde ela tirou isso?", eu pensei. "Acho que não fui suficientemente claro a esse respeito." Deixa eu esclarecer agora: a PTP *não* é sobre fazer o trabalho dos outros, assumir as responsabilidades deles ou fazer tudo sozinho. Ao agir assim, não estaríamos prestando um serviço aos outros, mas fazendo um desserviço a todo mundo.

Quando gerentes entram em cena e concluem a venda, quando líderes de projeto carregam a equipe nas costas, quando pais arrumam o quarto dos filhos, não estão ensinando nada de positivo ou acrescentando nada que tenha real valor. Como meu mentor, W. Steven Brown, sempre ensinava: "O papel do líder não é solucionar problemas, e sim apresentar problemas." Os líderes deixam que os outros tratem do problema, inventem suas próprias soluções e partam para a ação. De que outra forma as pessoas podem aprender? De que outra maneira líderes podem servir?

CAPÍTULO 34

Uma longa lista de perguntas imprestáveis

Jim Ryan, presidente do Grupo Carlson Marketing, estava sentado atrás de sua mesa. Ele se mostrou extremamente cortês, mas dava para perceber que seu tempo era curto. Tinha reservado exatos trinta minutos para o encontro.

Depois de algumas observações introdutórias, o visitante – mais jovem, sem nenhum título que impressionasse e um pouco nervoso, mas ainda com esperança de atrair o interesse desse cliente em potencial – perguntou: "Jim, você já ouviu perguntas como estas?", e enumerou várias perguntas que ele chamou de "PIs". Então fez-se um silêncio mortal, ou seja, um daqueles momentos em que o tempo parece ter parado. No mundo dos negócios isso é ainda mais constrangedor: alguém faz uma pergunta e em vez de uma resposta imediata recebe de volta um olhar vazio, às vezes um olhar penetrante ou até feroz.

O silêncio ficou pairando na sala como uma nuvem pesada e agourenta. O visitante estava começando a suar. Depois de um instante que pareceu uma eternidade, Jim sorriu e disse: "Nossa, eis aí uma longa lista de perguntas realmente imprestáveis!"

Sim! As PIs funcionaram! Seu interesse tinha sido despertado. E elas funcionaram porque, como a maior parte das pessoas, Jim já ouvira aquelas perguntas antes. Da cadeira em que estava sentado, eu sorri de volta, convencido de que um bom relacionamento estava começando.

Agora vamos olhar nossa própria lista de perguntas imprestáveis. Cada um de nós desempenha muitos papéis diferentes na vida, e todos eles têm seus próprios desafios e frustrações. Listei uma série de papéis com suas respectivas PIs e PTPs. Depois de analisar cada item, vamos identificar as PIs que *nós* estamos fazendo e, mais importante, quais as PTPs que deveríamos usar no lugar delas.

Atendimento ao cliente:

"Quando é que o setor de entregas vai começar a despachar as mercadorias no prazo?"

"Por que o cliente tem uma expectativa tão grande?"

"Quando os outros departamentos vão finalmente acertar?"

"Por que os clientes não seguem as instruções?"

PTP: "Como eu posso servir a essas pessoas?"

Vendas:

"Por que nossos preços são tão altos?"

"Quando é que vamos nos tornar mais competitivos?"

"Por que o cliente não me liga de volta?"

"Quando é que o pessoal do marketing vai nos dar uns folhetos melhores?"

"Por que o pessoal da produção não pode fabricar o que a gente realmente vende?"

PTPs: "O que eu posso fazer hoje para me tornar mais eficiente?"

"Como eu posso agregar valor para os meus clientes?"

Operações e produção:

"Por que o pessoal da área de vendas sempre quer que a gente faça mais do que pode?"

"Quando é que eles vão aprender a vender os produtos dentro das especificações corretas?"

PTP: "Como eu posso compreender melhor os desafios do pessoal que sai a campo?"

Gerência:

"Por que a nova geração não quer trabalhar?"

"Quando vou encontrar as pessoas certas para a minha equipe?"

"Por que eles não estão motivados?"

"Quem errou?"

"Por que as pessoas não conseguem chegar na hora?"

PTPs: "Como eu posso oferecer um treinamento mais eficiente?"

"O que eu posso fazer para entender melhor cada pessoa na equipe?"

Executivo:

"Quem pisou na bola?"

"Quando eles vão captar a visão da empresa?"

"Quem se preocupa tanto quanto eu me preocupo?"
"Quando o mercado vai sair do buraco?"

PTPs: "Como eu posso ser um líder melhor?"
"O que eu posso fazer para demonstrar que me importo?"
"Como eu posso me comunicar melhor?"

A "Linha de Frente":

"Por que temos de passar por todas essas mudanças?"
"Quando é que alguém vai me treinar?"
"Por que não estou ganhando um salário maior?"
"Quem vai deixar claro qual é o meu trabalho?"
"Quando é que a direção vai atuar como um só time?"
"Quem vai transmitir a visão da empresa para a gente?"

PTPs: "O que eu posso fazer para ser mais produtivo?"
"Como eu posso me adaptar a um ambiente que está sempre mudando?"
"O que posso fazer para me desenvolver?"

Marketing:

"Quando é que o pessoal de vendas vai implementar nossos programas/entregar nossos folhetos?"

"Por que o pessoal da linha de frente não aprende mais sobre os nossos novos produtos?"

PTPs: "O que eu posso fazer para entender a frustração do pessoal da área de vendas?"

"Como eu posso aprender mais sobre as necessidades do cliente?"

E saindo do mundo do trabalho...

Pais e mães:

"Quando é que meu filho vai me ouvir?"

"Por que ela anda por aí com esses garotos?"

"Quando ele vai se abrir comigo?"

"Quem fez essa bagunça?"

"Por que você não pode ser como a sua irmã?"

PTPs: "Como eu posso conhecer melhor meu filho?"

"O que eu posso fazer para aprimorar minha capacidade como pai ou mãe?"

"Como eu posso ajudá-la a atravessar essa fase?"

Adolescente:

"Quando meus pais vão me entender?"

"Por que eles não gostam dos meus amigos?"

"Por que meu professor é tão mau e injusto?"

PTPs: "Como eu posso demonstrar mais respeito pela minha mãe e pelo meu pai?"

"O que eu posso fazer para me comunicar de modo mais eficaz?"

"Como posso melhorar meus hábitos de estudo?"

Marido e Esposa:

"Por que ele/ela não esquece essa velha história?"

"Quando é que ele/ela vai começar a me valorizar mais?"

"Por que você não começa a fazer exercícios?"

PTPs: "Como eu posso me tornar melhor hoje?"

"O que posso fazer para ajudá-lo (a) a sair dessa situação?"

Vizinho:

"Por que eles são tão antipáticos?"

PTP: "Como posso me tornar mais simpático?"

Voluntário:

"Por que tenho de fazer tudo sozinho?"

PTP: "O que posso fazer para estabelecer limites mais claros e dizer simplesmente *não*?"

PIs ou PTPs. A escolha cabe a nós. Vamos escolher de maneira sensata, porque as perguntas que formulamos podem fazer toda a diferença do mundo.

Capítulo 35

O espírito da PTP

Existe um princípio de ordem legal bem estabelecido segundo o qual há uma diferença entre a "letra" e o "espírito" da lei. A letra se refere às palavras específicas usadas na própria lei. O espírito se refere aos conceitos subjacentes e às intenções por trás da lei. De um modo geral, a idéia é que a obediência à letra da lei deve estar de acordo com o espírito da lei.

Aplicando o mesmo conceito ao nosso caso, a letra da PTP seria formada pelos seguintes princípios:

1. As PTPs começam com "O que" ou "Como" (**não** com "Por que", "Quando" ou "Quem").
2. As PTPs contêm "eu" (**não** "eles", "nós" ou "você").
3. O foco das PTPs está na ação.

O *espírito* da PTP é o da responsabilidade pessoal:

- Pare de pensar como vítima, adiar as coisas ou culpar os outros.
- Pense: "Só posso mudar a mim mesmo."
- Entre em ação!

Estou mencionando isso porque é possível construir uma pergunta que siga a letra da PTP, mas que entre em conflito com o seu espírito. Olhe só essas, por exemplo:

"O que eu posso fazer *para mudar você?*"

"Como eu posso *fugir à responsabilidade* neste caso?"

"Que atitude posso tomar agora para *fazer a coisa errada*?"

Ou esta, a favorita do meu filho: "Quem eu posso *culpar hoje*?"

Tudo bem, meu filho sequer seguiu a letra. Mas as outras seguem e ainda assim é claro que nada têm a ver com as PTPs. O princípio é o seguinte: se uma pergunta entra em conflito com o espírito da PTP, não é uma PTP.

Brincar com PTPs como essas pode ser divertido. Mas quando chegar o momento de construir uma pergunta realmente significativa lembre-se de que as únicas perguntas que nos ajudarão a colocar em prática a responsabilidade pessoal são aquelas que seguem a letra *e* o espírito das PTPs.

CAPÍTULO 36

Sabedoria

Sabedoria é o que aprendemos depois de termos aprendido tudo.

Eu não sou um produto acabado. E você?

CAPÍTULO 37

Compramos livros demais

Assistimos a seminários demais. Temos aulas demais. Compramos livros demais. Tudo isso será jogado fora se não tivermos clareza a respeito do que significa realmente aprender.

Aprender não é assistir, ouvir ou ler. Nem se trata de meramente acumular conhecimentos. Aprender significa traduzir "*saber* o que fazer" em "*fazer* o que sabemos". Tem a ver com mudar.

Se não mudamos, não aprendemos. O que você aprendeu hoje?

CAPÍTULO 38

Uma visão final

Eu e minha família estávamos passando por uma auto-estrada numa tarde de domingo castigada pelo vento quando vimos uma cena para lá de estranha. Num campo aberto ao lado da estrada, um homem mergulhou de sua cadeira de rodas num mar de jornais que voavam à sua volta. Ele estava tentando apanhá-los, mas a ventania soprava com força e num instante a área ao seu redor ficou praticamente coberta. Do banco de trás do nosso carro, Kristin, minha filha mais velha, gritou: "Pai, vamos lá ajudar aquele cara!" Então estacionei rapidamente e corremos todos para ajudar. Enquanto perseguíamos as folhas de jornal, abraçando os papéis contra o peito, fiquei imaginando o que tinha acontecido.

"Uma andorinha só não faz verão", diz o ditado. E,

com todos ajudando, logo conseguimos recolher tudo. Enquanto nos reuníamos em torno do homem, ele descansou deitado de lado, segurou as poucas folhas que tinha sido capaz de pegar e, em silêncio, ficou procurando as palavras certas.

Um dos garotos lhe perguntou:

– O que aconteceu?

Depois de lutar para voltar à sua cadeira de rodas, com um dos braços tremendo tanto que quase o tornava inútil, ele respondeu:

– Cheguei em casa e percebi que um monte de jornais havia sumido da minha pick-up. Ao refazer o caminho, vi o campo coberto e não pude acreditar no que estava vendo!

– E você ia pegar tudo sozinho? – perguntei, sem pensar no que estava dizendo.

Ele olhou para mim como se eu não tivesse entendido e disse:

– Eu não podia deixar essa sujeira para trás sem mais nem menos. *Eram os meus jornais*.

Meus jornais. Minha responsabilidade. Que imagem forte em termos de responsabilidade pessoal. Como já disse inúmeras vezes ao longo deste livro, responsabilidade pessoal não tem nada a ver com jogar a culpa nos outros, reclamar e adiar as coisas. Ao contrário, significa fazer perguntas como "O que eu posso fazer?" e então agir. Ofereci alguns princípios para formular perguntas melhores, sugerindo que fazer PTPs é uma maneira de disciplinar nossos pensamentos e fazer escolhas melhores.

Ao terminarmos a leitura e começarmos a aplicar as PTPs nas nossas vidas, vamos sempre nos lembrar da verdadeira razão pela qual estamos fazendo isso. Estamos fazendo isso para ficarmos mais parecidos com nossos heróis PTPs: o garçom Jacob; o piloto, pai de Stacey; Bonita, a aeromoça; Judy, a caixa da Home Depot; e nosso amigo "deficiente" (seu nome era Brian), que desceu da cadeira e se arrastou pelo campo para recolher "os meus jornais".

Nenhuma dessas pessoas sabia coisa alguma sobre a PTP, mas cada uma incorporou seu espírito. No entanto, o restante de nós – e eu sou o primeiro da fila – precisa da PTP. Pode ser que não precisemos dela em todos os minutos de todos os dias, mas precisamos o suficiente para que ela faça realmente diferença em nossas vidas.

Precisamos da PTP para que as empresas nas quais trabalhamos deixem de ser lugares onde acusamos uns aos outros, adiamos nossas tarefas eternamente e criamos uma divisão "nós-eles". Precisamos da PTP para trazer à tona o que há de melhor em nós, estimulando uns aos outros e trabalhando juntos como se espera que equipes façam. Assim, podemos fazer com que coisas fantásticas aconteçam.

É uma visão capaz de nos entusiasmar. Espero que ela tenha um apelo tão grande para você como tem para mim, porque se mais pessoas pusessem em prática a responsabilidade pessoal o mundo seria um lugar muito melhor para se viver.

PTP. A Pergunta por Trás da Pergunta. Que ela seja de grande ajuda em tudo o que você fizer.

Capítulo 39

A força motriz do conhecimento

A repetição é a força motriz do conhecimento.

Como disse?

A repetição é a força motriz do conhecimento.

Desculpe?

A repetição é a....

OK, já entendi.

Ótimo. Então, agora que já terminou o livro, leia-o de novo.

Sobre o autor

John G. Miller é autor de *Personal Accountability* e fundador da QBQ, Inc., uma empresa que ajuda as corporações a transformar a responsabilidade pessoal em seu valor central. Miller criou o método PTP (a Pergunta por Trás da Pergunta) – tradução literal de QBQ (the Question Behind the Question) – para auxiliar nos seus programas de desenvolvimento de recursos humanos e nas suas palestras. Formado pela Universidade de Cornell, trabalha com treinamento desde 1986. Ele vive em Denver, Colorado, nos Estados Unidos, com a mulher Karen e os filhos.

Para mais informações sobre o sistema de treinamento PTP e sobre os produtos e serviços oferecidos pela empresa de John G. Miller, visite o site www.QBQ.com

Ou entre em contato com:

QBQ, Inc.
11368 Nucla Street
Denver, CO 80022
Tel.: 1-303-286-9900
Fax: 1-303-286-9911

Email: info@QBQ.com

Conheça outros títulos da Editora Sextante

John C. Hunter

O monge e o executivo

Você está convidado a juntar-se a um grupo que durante uma semana vai estudar com um dos maiores especialistas em liderança dos Estados Unidos.

Leonard Hoffman, um famoso empresário que abandonou sua brilhante carreira para se tornar monge em um mosteiro beneditino, é o personagem central dessa envolvente história criada por James C. Hunter para ensinar de forma clara e agradável os princípios fundamentais dos verdadeiros líderes.

Se você tem dificuldade em fazer com que sua equipe dê o melhor de si no trabalho e gostaria de se relacionar melhor com sua família e seus amigos, vai encontrar nesse livro personagens, idéias e discussões que vão abrir um novo horizonte em sua forma de lidar com os outros. É impossível ler esse livro sem sair transformado. *O monge e o executivo* é, sobretudo, uma lição sobre como se tornar uma pessoa melhor.

JAN CARLZON

A hora da verdade

Lançado originalmente nos anos 1980, *A hora da verdade* é um clássico da administração e um dos mais importantes livros de negócios de todos os tempos.

Ele apresenta o relato da extraordinária experiência de Jan Carlzon – então presidente executivo da companhia de aviação escandinava SAS –, que criou um modelo inédito de administração, mudando os rumos da gestão empresarial e revolucionando o conceito de liderança.

Com seu estilo acessível e contando boas histórias, Carlzon apresenta em detalhes sua ousada abordagem – depois copiada por inúmeras empresas – para prosperar numa economia voltada para os clientes: como definir uma estratégia, como estruturar uma organização para que as necessidades dos clientes tenham prioridade, como motivar e se comunicar com a equipe da linha de frente.

Bob Nelson

Faça o que tem de ser feito

A mensagem desse livro é simples mas poderosa: fazer o que precisa ser feito e não apenas o que lhe pedem é a marca registrada da excelência profissional. Esta é a postura que devemos adotar para crescer e nos realizarmos profissionalmente.

Atender a um cliente, solucionar um problema, ajudar um colega de trabalho, dar uma sugestão para economizar dinheiro, desenvolver uma idéia ou aprimorar um processo são ações esperadas de cada pessoa a partir do momento em que é contratada.

Com exemplos claros e concretos, ele vai mostrar as diversas iniciativas que você pode tomar para ser reconhecido como alguém que "faz as coisas acontecerem". A recompensa chegará antes do que você imagina.

ANN DEMARAIS E VALERIE WHITE

A primeira impressão é a que fica

É a nossa atitude nesse contato inicial que vai decidir qual será o futuro da nova relação: negócios podem ser fechados ou desfeitos, encontros casuais podem se transformar em romance ou não dar em nada, amizades podem ou não ir adiante.

Com exemplos reais baseados em pesquisas e na experiência das autoras, esse livro nos ajuda a diminuir a distância entre aquilo que somos e aquilo que de fato demonstramos. Você vai descobrir não só de que forma é visto pelas pessoas como também de que maneira deve se comportar para deixar a impressão que realmente deseja.

Os testes e exercícios apresentados ao longo do livro são uma excelente oportunidade de avaliar seu comportamento e de efetuar mudanças concretas para obter mais sucesso nas suas relações pessoais e profissionais.

Álex Rovira e Fernando Trías de Bes

A Boa Sorte

Se você sempre acreditou que a sorte é uma questão de acaso, esse livro vai fazer você rever este conceito e trará uma grande transformação em sua vida.

Nessa fábula de linguagem cativante e inspiradora há uma lição simples mas profundamente significativa: a sorte nada tem a ver com um acontecimento fortuito – cabe a nós criarmos as condições para que ela aconteça em nossa vida.

Publicada em mais de sessenta países e comparada com clássicos como *O alquimista* e *Quem mexeu no meu queijo*, essa fábula mostra como criar as condições favoráveis para que a boa sorte chegue a você mesmo nas circunstâncias mais difíceis.

Tim Sanders

O amor é a melhor estratégia

Tim Sanders criou um método revolucionário que vai mudar sua forma de ver o mundo e abrir novas e promissoras perspectivas para a sua vida. Para ele, não é preciso matar ou morrer para ter sucesso. O amor é a melhor estratégia para quem quer construir um futuro melhor.

A mágica está na simplicidade de seu método, apoiado em três pilares: *conhecimento* (que você acumula com sua experiência e, principalmente, através da leitura), *rede de relacionamentos* (os amigos e contatos que já possui, mas que tem de cultivar) e *compaixão* (o calor humano que é capaz de transmitir aos outros).

Ao desenvolver e compartilhar esses valores, você se torna uma valiosa fonte de informação, uma pessoa bem-relacionada e generosa, alguém que lidera em vez de apenas seguir ordens, um profissional cheio de idéias, contatos e amigos. Um vencedor.

MARGOT MORRELL E STEPHANIE CAPPARELL

Shackleton – Uma lição de coragem

Shackleton já foi chamado de "o maior líder que jamais surgiu nesta terra de Deus". Esse livro revela com riqueza de detalhes a grandeza do homem que conseguiu transformar sua malsucedida expedição à Antártida numa história de resistência heróica.

Ao conduzir todos os seus tripulantes em segurança para casa, depois de quase dois anos isolados no gelo, Shackleton se tornou um exemplo de liderança.

Usando sua lendária aventura como ponto de partida, as autoras Margot Morrell e Stephanie Capparell analisam as estratégias do explorador e suas vitoriosas características de comando – autoridade, integridade, humor e compaixão. Sua história é um relato inspirador sobre como ajudar cada pessoa a alcançar o melhor de si mesma e realizar o que se pensava impossível.

Conheça os 25 clássicos da Editora Sextante

- *Um dia daqueles*, *Querida mamãe* e *O sentido da vida*, de Bradley Trevor Greive
- *Você é insubstituível*, *Pais brilhantes, professores fascinantes* e *Dez leis para ser feliz*, de Augusto Cury
- *O Código Da Vinci*, de Dan Brown
- *Palavras de sabedoria*, *O caminho da tranqüilidade* e *Uma ética para o novo milênio*, do Dalai-Lama
- *Os 100 segredos das pessoas felizes*, *Os 100 segredos das pessoas de sucesso* e *Os 100 segredos dos bons relacionamentos*, de David Niven
- *Por que os homens fazem sexo e as mulheres fazem amor?*, de Allan e Barbara Pease
- *Não leve a vida tão a sério*, de Hugh Prather
- *Enquanto o amor não vem*, de Iyanla Vanzant
- *A última grande lição*, de Mitch Albom
- *A Dieta de South Beach*, de Arthur Agatston
- *Histórias para aquecer o coração*, de Mark V. Hansen e Jack Canfield
- *A divina sabedoria dos mestres* e *Só o amor é real*, de Brian Weiss
- *O ócio criativo*, de Domenico De Masi
- *Em busca da espiritualidade*, de James Van Praagh
- *A vida é bela*, de Dominique Glocheux
- *O outro lado da vida*, de Sylvia Browne

Informações sobre os Próximos Lançamentos

Para receber informações sobre os lançamentos da Editora Sextante, basta enviar um e-mail para atendimento@esextante.com.br ou cadastrar-se diretamente no site www.sextante.com.br

Para saber mais sobre nossos títulos e autores, e enviar seus comentários sobre este livro, visite o nosso site: www.sextante.com.br

Editora Sextante
Rua Voluntários da Pátria, 45 / 1.404 – Botafogo
Rio de Janeiro – RJ – 22270-000 – Brasil
Telefone (21) 2286-9944 – Fax (21) 2286-9244
E-mail: atendimento@esextante.com.br